NOUVEAU GUIDE
DANS ORLÉANS

NOTICE HISTORIQUE

SUR LA VILLE, SES PLACES, SES PROMENADES,
SES MONUMENTS ET SES MAISONS REMARQUABLES

Accompagnée d'un plan de la ville d'Orléans
comprenant
les Monuments et Maisons remarquables

ORLÉANS
Ancienne Maison ALPHONSE GATINEAU
Ch. FORTIN, Libraire-Éditeur
RUE ROYALE ET RUE JEANNE D'ARC

NOUVEAU GUIDE

DANS ORLÉANS

ORLÉANS. — IMPRIMERIE DE PUGET ET Cie.

NOUVEAU GUIDE

DANS ORLÉANS

NOTICE HISTORIQUE

SUR LA VILLE, SES PLACES, SES PROMENADES,
SES MONUMENTS ET SES MAISONS REMARQUABLES

Accompagnée d'un plan de la ville d'Orléans
comprenant
les Monuments et Maisons remarquables.

ORLÉANS

ANCIENNE MAISON ALPHONSE GATINEAU

Ch. FORTIN, Libraire-Éditeur

RUE ROYALE ET RUE JEANNE-D'ARC

TABLE

Notice historique sur la ville d'Orléans........ 1

MONUMENTS RELIGIEUX.

Cathédrale Sainte-Croix......................... 26
Eglise Saint-Aignan............................. 31
Eglise Saint-Euverte............................ 35
Eglise Saint-Pierre-le-Puellier................. 36
Eglise Saint-Paul............................... 36
Eglise Notre-Dame-de-Recouvrance................ 37
Eglise Saint-Paterne............................ 38
Eglise Saint-Pierre-Ensentelée.................. 38
Eglise Saint-Donatien........................... 38
Eglise Saint-Laurent............................ 38
Ancienne Eglise Saint-Jacques................... 38
Evêché.. 39
Grand Séminaire................................. 40
Temple protestant............................... 40
Ancien Couvent des Minimes...................... 40

MONUMENTS CIVILS.

Préfecture...................................... 41
Hôtel-de-Ville.................................. 41
Musée (ancien Hôtel-de-Ville)................... 46
Palais-de-Justice............................... 48
Bibliothèque.................................... 48
Lycée... 49
Hôpitaux.. 49
Halle au blé.................................... 50

TABLE.

Théâtre.	50
Statue de Pothier.	50
Statue équestre de Jeanne d'Arc, de Foyatier.	51
Croix de Jeanne d'Arc (place des Tourelles).	53
Statue de Jeanne d'Arc, de Gois (place Dauphine).	53
La tour Blanche (rue des Africains).	53

MAISONS REMARQUABLES.

Maison de François Ier (rue de Recouvrance).	54
Maison de Diane de Poitiers (rue Neuve).	55
Maison des Oves (rue Sainte-Anne).	56
Maison de Ducerceau (rue des Hôtelleries-Sainte-Catherine.	56
Maison dite des chanoines (rue de Bourgogne, n° 211)	56
La salle des Thèses.	56
Cabinet de Jeanne d'Arc et maison de l'Annonciade (rue du Tabour, n°s 33, 35, 37 et 39).	56
Maison d'Agnès Sorel (rue du Tabour, n°s 13 et 15).	57
Maisons remarquables (rue de la Pierre-Percée).	58
Maison de Jean d'Alibert (Marché-à-la-Volaille).	59
Pavillon renaissance (rue du Poirier, n° 41).	59
Maison de l'ancienne Intendance (rue de Bretonnerie, n°s 28 et 30).	60
Le Loiret et son parcours.	60

RENSEIGNEMENTS.

Hôtels, Voitures, Omnibus, Tramways.	61

PRÉFACE.

La ville d'Orléans est riche au point de vue de l'art comme au point de vue des souvenirs historiques. Aussi, un grand nombre d'ouvrages ont-ils été publiés pour raconter les faits qui s'y sont passés, et décrire les vieux monuments qu'elle renferme.

Mais les uns sont trop importants, les autres conçus d'après un plan trop compliqué pour le voyageur qui n'a que quelques heures à passer dans notre ville.

C'est uniquement dans l'intention de combler cette lacune que ce petit livre a été composé. Il n'aspire point à prendre place dans la bibliothèque du savant, ni à jeter une lumière nouvelle sur notre histoire locale. Son but est simplement de faire connaître, en quelques mots, au touriste et à l'homme du monde, les faits principaux qui se sont accomplis dans nos murs et l'histoire des édifices qui attirent l'attention. Il ne leur trace point un itinéraire, il se met à leur disposition ; et, quelle que soit la partie de la ville par laquelle ils commenceront leur excursion, ils pourront toujours trouver dans une courte monographie une description et des notions précises sur les monuments devant lesquels ils se seront arrêtés.

NOTICE HISTORIQUE

SUR LA

VILLE D'ORLÉANS

Il est peu de villes qui puissent plus qu'Orléans s'enorgueillir de leur passé. Son origine se perd dans la nuit des temps. Il fut la capitale d'un royaume, et plus tard celle d'un duché, apanage ordinaire des seconds fils de France. Deux fois il arrêta devant ses murs l'étranger triomphant, et il n'est pas une page importante de notre histoire sur laquelle son nom ne soit inscrit au premier rang.

Au temps de César, Orléans portait le nom de Genabum. Il entra dans la ligue héroïque formée par les Gaulois pour recouvrer leur indépendance. Mais, malgré des efforts courageux et la valeur de

Vercingétorix, leur chef, César s'en empara. La cité fut livrée au pillage et à l'incendie, et ses habitants massacrés (52 avant J.-C.)

Marc-Aurèle (161), selon les uns ; Aurélien (274), suivant les autres, releva ses remparts et lui donna son nom (Aurelianum). Le christianisme vint adoucir les mœurs de la contrée, et il ne resta plus du culte de Teutatès que les dolmens et les menhirs qui lui servaient d'autels.

En 451, Orléans eut à résister à un ennemi réputé jusque-là invincible. Attila, roi des Huns, que nos pères ont appelé le *fléau de Dieu*, après avoir ravagé la Mœsie, l'Illyrie, la Thrace, la Macédoine et la Germanie, fondit tout à coup sur les Gaules. Mais Dieu avait donné à Orléans un défenseur. Saint Aignan, son évêque, court à Arles à travers mille dangers pour prévenir Aétius, qui gouvernait les Gaules, du péril auquel la Ville était exposée.

En l'attendant, il oppose au roi des Huns une résistance énergique qui donne le temps au général romain Aétius de venir délivrer la Ville. Attila vaincu s'enfuit avec les débris de ses troupes et quitta la Gaule.

Quelques années après, Orléans eut à repousser les attaques de Childéric, père de Clovis ; ce fut ce dernier qui le réunit au royaume des Francs.

Le même monarque convoqua aussi dans Orléans (511) le premier concile qui se soit tenu en France. Trente-trois évêques et les métropolitains de Bordeaux, de Bourges, de Tours et d'Auch y assistèrent. On y établit le droit d'asile pour les églises, la fête des Rogations et l'usage encore inconnu des processions. On reconnut aussi dans ce concile que les églises tenaient leurs dotations du monarque.

A la mort de Clovis (511), ses Etats furent partagés entre ses quatre fils, ainsi que le voulait la loi germanique. Clodomir, l'un d'eux, obtint le royaume d'Orléans ; mais après un règne marqué par des hostilés sanglantes, il mourut à la bataille de Voiron, qu'il livrait contre Gondemar, roi de Bourgogne. Ses enfants furent mis à mort par leurs oncles, à l'exception de Clodoald, qui se consacra à la vie monastique ; et Childebert, l'un des assassins, devint roi d'Orléans et de Soissons.

A la suite de guerres intestines, Clotaire Ier se trouva seul maître de la Gaule, de 558 à 561.

Sa mort amena un nouveau démembrement entre ses quatre enfants. Le royaume d'Orléans échut au bon Gontran, qui résida tantôt à Châlon-sur-Saône et tantôt à Orléans.

Il eut pour successeur son neveu Childebert, roi d'Austrasie (593), qui mourut deux ans après, laissant le trône à son fils Thierry II. Enfin, en 613, Clotaire II, roi de Neustrie, devint seul possesseur des pays dont Clovis avait fait la conquête, et il ne fut plus question dans la suite du royaume d'Orléans.

A dater de sa réunion à la couronne de France, Orléans joue un rôle important ; plusieurs Conciles s'y réunissent.

En 832, Louis le Débonnaire y convoqua les Etats, espérant, mais en vain, mettre un terme aux luttes incessantes qu'il avait à soutenir contre ses **fils révoltés.**

A sa mort, Charles le Chauve (841) reçut l'onction sainte dans la cathédrale de Sainte-Croix. Son règne est marqué par un capitulaire de 877, qui reconnut définitivement le système de la féodalité. Le comté d'Orléans devint l'apanage de Robert le Fort, tige des Capétiens, qui avait le gouvernement du duché de France.

Nous ne suivrons point les tristes successeurs du grand empereur d'Occident à travers toutes les guerres qui firent les malheurs de leurs peuples. Nous nous contenterons de rappeler la plus terrible des invasions normandes qu'Orléans eut à subir. Ce fut en 836. La ville fut pillée et presque entièrement détruite par le feu. Toutes les églises, excepté Sainte-Croix, disparurent dans les flammes, et le pont qui gênait le passage de leurs flottes fut rompu.

Enfin, en 987, à la mort de Louis V, Hugues Capet, duc de France, comte de Paris et d'Orléans, se fit reconnaître comme roi par l'assemblée des grands réunis à Noyon.

Afin de consolider sa dynastie, il s'empressa de faire sacrer son fils Robert dans une assemblée des prélats et des seigneurs tenue à Orléans, et, quand Charles de Lorraine voulut revendiquer ses droits, il ne rencontra partout que froideur et trahison.

Il finit par tomber entre les mains de son rival qui l'enferma dans la tour d'Orléans où il mourut en 992.

Robert le Pieux résida souvent à Orléans qui était le lieu de sa naissance.

En 1039, Henri Ier fit enfermer dans la tour d'Orléans le comte de Blois révolté contre lui.

En 1077, Philippe Ier tint son parlement dans notre ville, il fut inhumé dans l'église de l'abbaye de Saint-Benoît-sur-Loire.

En 1108, Louis-le-Gros fut sacré à Orléans par l'archevêque de Sens.

En 1127, un concile y fut assemblé sous la présidence de Humbault, archevêque de Lyon, et légat du Saint-Siége.

Sous le même prince, Orléans eut l'honneur de recevoir dans ses murs le pape Innocent II, forcé de se réfugier en France par son compétiteur Pierre de Léon, connu sous le nom d'Anaclet.

En 1152, lorsque le concile tenu à Beaugency eut prononcé le divorce de Louis-le-Jeune et de la coupable Éléonore de Guyenne, ce fut à Orléans que le roi célébra son mariage avec Constance, fille du roi de Castille.

En 1312, Philippe-le-Bel octroya aux écoles d'Orléans le titre d'Université et de nombreux priviléges.

Ce fut sous son règne que fut signé, avec Edouard Ier, roi d'Angleterre, le traité de Montreuil qui fut la source de la terrible *guerre de Cent ans* (1337-1453), dans laquelle Orléans eut un rôle si glorieux.

La guerre de Cent ans peut se diviser en quatre périodes. La première, qui s'étend de 1337 à 1364, comprend les règnes de Philippe VI et de Jean-le-Bon. Orléans qui, sous le règne de Philippe VI, avait toujours fait partie du domaine de la couronne depuis Hugues Capet, fut érigé en duché au profit de Philippe, quatrième fils du roi.

De ce jour, toutes les calamités fondirent à la fois sur notre patrie.

En 1407, Jean-sans-Peur, duc de Bourgogne, fait assassiner le duc d'Orléans, frère du roi. Charles, fils de la victime, court demander du secours à Bernard, comte d'Armagnac, et alors commencent les dissensions dans lesquelles les grands du royaume rivalisent d'impudeur, d'iniquité et de barbarie.

L'Angleterre, qui avait toujours eu un œil de convoitise vers la France, songe à profiter de ces horribles discussions pour entamer une lutte avec la France.

En effet, Henri V réclame avec hauteur l'exécution du traité de Brétigny. Sur le refus du conseil de France, il fond sur la Normandie, et bientôt la bataille d'Azincourt vient ajouter à la honte des défaites de Crécy et de Poitiers.

Ce désastre fut le prélude de bien d'autres. Jean-sans-Peur ayant été assassiné par Tanneguy-Duchâtel, son fils, Philippe-le-Bon, fit alliance avec les Anglais pour tirer vengeance de ce meurtre ; il donna pour épouse à Henri V, Catherine, fille de Charles VI, plus le titre de Régent. Le traité de Troyes (1420) fut accepté, et quand l'infortuné Charles VI descendit dans la tombe, Henri VI, successeur de Henri V, monta sur le trône d'Angleterre.

Quant au souverain légitime, il est acclamé à Bourges par quelques chevaliers demeurés fidèles. Ses adversaires l'appellent par dérision le *petit roi de Bourges*. Tout le nord de la France, en effet, était à l'Anglais. Les défaites de Cravant (Yonne) et Verneuil (Normandie) viennent encore diminuer sa puissance. Il ne restait plus que la Loire à franchir.

Orléans est la clef du Midi, la dernière ressource de la Monarchie. Le 17 octobre 1428, Thomas, comte de Salisbury, après avoir soumis toutes les villes d'alentour : Nogent-le-Roi, Rambouillet, le Puiset, Janville, Toury, Beaugency, Meung, Jargeau, Châteauneuf, etc., etc., vient mettre le siège devant la place. Orléans avait alors pour gouverneur Raoul de Gaucourt, homme plein de bravoure et d'énergie. Il était sûr de ses soldats vieillis dans le métier des armes. Les habitants se montraient non moins dévoués à la cause du roi, et tous, prêtres, nobles, bourgeois, étudiants et gens de métier, promettaient de mourir plutôt que de se rendre.

Cependant, malgré leur ardeur, le 21 octobre, le fort des Tourelles tombe entre les mains de Salisbury, et les Anglais s'y fortifient pour fermer toute communication entre la ville et le Midi. Toutefois, cette victoire leur avait coûté cher ; aussi changent-ils leur plan d'attaque. Salisbury était mort, atteint par un boulet ; Suffolk et Talbot, ses successeurs dans le commandement, prennent la résolution de réduire la ville par un blocus.

La place, défendue par sa vaillante garnison, à laquelle étaient venus se joindre des renforts amenés par Dunois, La Hire et Xaintrailles, l'élite des capitaines français, résistait avec peine. En vain les habitants avaient-ils sacrifié leurs faubourgs pour empêcher les Anglais d'y établir leurs postes, ceux-ci construisaient de toutes parts des forteresses menaçantes, et bientôt la ville fut entourée d'un réseau de bastilles qui fermaient les abords de la ville.

Orléans, fatigué par sept mois de siège, était à bout de sacrifices ; ses forces étaient usées, et ses habitants combattaient en martyrs, assurés de la défaite et résignés à s'ensevelir sous les décombres de leur cité ruinée.

Mais Dieu ne voulait point que la France pérît, et, pendant que les guerriers s'épuisaient en efforts inutiles, il préparait le salut et la victoire.

Dans le petit village de Domrémy, sur les bords de la Meuse, vivait, au milieu de pauvres paysans, une jeune fille simple comme eux, pure comme les anges du ciel, elle ne savait ni lire ni écrire ; toute sa science consistait à filer, à coudre, à mener paître le troupeau de son père, et elle se contentait de cette paisible existence. On l'appelait *Jeanne d'Arc*, et rien ne semblait annoncer que ce nom dût sortir un jour de son obscurité.

Souvent toutefois, au récit de *la grande pitié qui était dans le royaume de France*, le cœur de la bergère saignait, et ses yeux versaient d'abondantes larmes. Fréquemment aussi l'archange saint Michel, sainte Catherine et sainte Marguerite lui apparaissaient, et lui répétaient d'une voix « moult belle et douce » : Va en France, va en France ! Longtemps la pauvre fille résiste ; mais plus elle attend, plus les visions deviennent nombreuses, plus les voix deviennent pressantes... Elle part enfin ; et, de la bouche de cette vierge de dix-sept ans, sortent tout à coup ces étranges paroles :

« Personne au monde, ni roi, ni duc, ni aucun
« autre ne peut relever le royaume de France ; il
« n'y a de secours qu'en moi. Si pourtant, j'aime-
« rais mieux rester à filer auprès de ma pauvre
« mère ; mais il faut que j'aille, puisque mon Sei-
« gneur le veut... Je ne sais ne A ne B, mais je
« viens de la part du roi du ciel pour faire lever le
« siège d'Orléans, et conduire le roi à Reims. »

Tout le monde l'accueille avec un sourire moqueur, on la croit insensée ; et les hommes d'armes ne peuvent admettre qu'une fille du peuple, ignorante et faible, puisse opérer ce que leur bravoure n'a pu faire. Mais ses réponses à toutes les objections sont si pleines de sens et de vérité, elle étonne tellement le roi et sa cour, réunis à Chinon, et les docteurs de l'Université de Poitiers chargés de l'interroger, qu'enfin on consent à lui laisser opérer sa mission libératrice.

Ce fut le 29 avril 1429 que Jeanne entra dans Orléans, ayant à sa gauche le fameux Dunois. Avec elle, l'espoir revient aux Orléanais : « Jà, dit le
« Journal du siège, se sentaient tout réconfortés et
« comme desassiégez par la vertu divine qu'on leur
« avait dit estre en ceste simple Pucelle, qu'ils
« regardaient moult affectueusement, tant hommes,

« femmes que petits enfants ; et y en avait moult
« merveilleuse presse à toucher à elle ou au cheval
« sur quoy elle estait. » C'est au milieu de cet
enthousiasme universel qu'elle arriva à la Cathédrale pour rendre grâces à Dieu. Quand elle eut
fini sa prière, elle se fit conduire dans le logement
qui lui avait été préparé chez le trésorier du duc
d'Orléans, Jacques Boucher.

Jeanne, avant son entrée dans la ville, s'était fait
précéder d'une lettre impérieuse écrite de Blois,
dans laquelle on trouve les passages suivants, qui
prouvent sa foi en sa mission inspirée : « Jésus,
« Maria. Roi d'Angleterre, faites raison au Roi du
« ciel de son sang royal, rendez les clefs à la Pucelle
« de toutes les bonnes villes que vous avez enfor-
« cées ; elle est venue de par Dieu... Roi d'Angle-
« terre, si ainsi ne le faites, je suis chef de guerre ;
« en quelque lieu que j'atteindray vos gens en
« France, s'ils ne veulent obéir, je les ferai issir,
« veuillent ou non ; et s'ils veulent obéir, je les
« prendray à mercy ; croyez que s'ils ne veulent
« obéir, la Pucelle vient pour les occire : elle vient
« de par le Roy du ciel, corps pour corps, vous
« bouter hors de France, et vous promet et certifie
« qu'elle y fera si gros halay, que depuis mille ans
« en France ne fut vœu si grand, si vous ne lui
« faites raison... Ne prenez mie vostre opinion que
« vous tiendrez France du Roy du ciel, le fils
« saincte Marie : mais la tiendra le roy Charles,
« vray héritier, à qui Dieu l'a donnée, qui entrera
« à Paris en belle compagnie. Si vous ne croyez les
« nouvelles de Dieu et de la Pucelle, en quelque

« lieu que vous trouverons, nous férirons dedans
« à horions ; et si verrez lesquels auront meilleur
« droit de Dieu ou de vous... Duc de Betfort, qui
« vous dites Régent de France pour le roy d'Angle-
« terre, la Pucelle vous requiert et prie que vous
« ne vous faciez mie destruire. Si vous ne lui faites
« raison, elle fera tant que les Français feront le
« plus beau faict qui onques fut faict en la chres-
« tienté. — Escrit le Mardy en la grande semaine. »

Entrée dans Orléans, la vierge de Domremy renouvela aux Anglais la sommation de se retirer, mais elle ne fut accueillie que par les injures les plus grossières, et l'on retint même ses héraults dans le camp ennemi.

Enfin, le mercredi 4 mai, les renforts qu'on attendait de Blois arrivèrent. La Pucelle alla à leur rencontre avec une forte escorte, et la troupe passa devant la bastille Saint-Pouair, en chantant le *Veni Creator*, sans que les Anglais osassent « sortir ni issir de leurs bastides, » pour les arrêter.

Le même jour, la bastille Saint-Loup fut attaquée vigoureusement. Les capitaines, qui étaient jaloux de l'héroïne, avaient profité de son sommeil pour se mettre en marche. Mais à peine étaient-ils partis qu'elle se réveille avertie par ses voix, puis, s'adressant à son page : « Va quérir mon cheval, s'écrie-t-
« elle. En mon Dieu, les gens de la ville ont affaire
« devant une bastille, et y en a de blessez... Ha !
« sanglant garçon, vous ne me disiez pas que le
« sang de France feust répandu ! » Aussitôt habillée, elle se précipite par la porte Bourgogne, sa bannière à la main. Dès qu'ils l'aperçoivent, les

guerriers, animés par sa présence, se ruent sur le retranchement. Rien ne résiste à leur impétuosité, et la bastille est enfin incendiée, sans que Talbot ait osé amener à son secours la garnison de la bastille Saint-Pouair, qui en était éloignée d'environ quatre kilomètres.

Telle fut la première victoire de Jeanne.

Le lendemain 5 mai, étant le jour de l'Ascension, fut consacré au repos et à la prière ; mais, dès le 6, la Pucelle veut livrer un nouveau combat. Cette fois encore elle est obligée de triompher du mauvais vouloir des chefs, mécontents de se voir commander par une femme, et il lui faut presque employer la violence pour obtenir de Gaucourt qu'il lui ouvre la porte Bourgogne. Elle s'empare d'abord du poste de Saint-Jean-le-Blanc, que les Anglais avaient abandonné, puis elle marche contre la bastille des Augustins. Deux fois les Orléanais sont repoussés par l'énergie des assiégeants ; mais, à la troisième attaque, Jeanne s'écrie avec cette confiance qui ne lui fit jamais défaut : « Entrez hardiment. » Tout est emporté, et les flammes viennent anéantir ce poste si vaillamment défendu.

Le soir, Jeanne, qui craignait qu'on ne suscitât quelque obstacle à l'attaque qu'elle voulait tenter le lendemain contre les Tourelles, ne consentit à rentrer dans la ville que lorsqu'elle fut assurée que les gens d'armes laisseraient aux champs leurs chevaux et leurs pages.

Le samedi 7 mai, au lever du soleil, la Pucelle était debout. Au moment où elle sortait, on présenta

à Jacques Boucher, son hôte, une alose. « Jeanne,
« lui dit-il, mangeons-en avant que partiez. — En
« mon Dieu, répondit-elle, on n'en mangera jusques
« au souper que nous repasserons par-dessus le
« pont. »

De grand matin, la terrible forteresse est attaquée avec une impétuosité qui tenait du prodige ; les Anglais résistent avec la rage du désespoir, et comme des hommes qui se rient de la mort. « Si
« l'énergie des combattants plutôt que leur nombre
« fait la grandeur des actions, dit M. Quicherat (1),
« la journée du 7 mai est l'une des plus mémora-
« bles qu'il y ait eu dans l'histoire. Pendant treize
« heures l'assaut fut poussé et soutenu avec une
« égale opiniâtreté. Un contemporain rapporte que
« les Français y montèrent cent fois, et cent fois
« rejetés dans les fossés y remontèrent toujours,
« comme s'ils eussent cru être immortels. »

Tout à coup Jeanne, impatiente de ces retards, se porte en avant et pose la première échelle pour escalader le boulevard ; mais un trait l'atteint et elle tombe baignée dans son sang, comme elle l'avait prédit la veille. A cette vue, son courage semble un moment l'abandonner, et elle verse d'abondantes larmes ; mais à peine la blessure est-elle pansée, qu'elle retourne à l'assaut et qu'elle ne songe plus qu'à la victoire.

Bientôt Dunois, désespérant du succès pour cette journée, fait sonner la retraite ; Jeanne, désolée, se

---

(1) *Histoire du siége d'Orléans.* Hachette.

retire un instant à l'écart dans une vigne pour adresser une courte prière à celui qui faisait sa force. De ce moment, elle n'hésite plus. Sûre de triompher, elle rallie les troupes qui se retiraient et les ramène aux Tourelles en criant : « *En avant !* « *en avant !* En mon Dieu, vous entrerez bientôt « dedans. Donnez-vous garde, quand la queue de « mon estendart touchera contre le boulevart. » Bientôt elle apprend qu'il y touche. *Alors tout est vôtre*, s'écrie-t-elle. A sa voix, les guerriers se ruent avec une valeur nouvelle ; rien ne peut plus leur résister ; la palissade est franchie et les Anglais n'ont plus qu'à s'enfuir. En effet, ils se précipitent sur le pont-levis, mais les Orléanais l'ont miné ; il s'affaisse sous leur poids, et tous ces braves guerriers sont ensevelis sous les flots de la Loire, au grand désespoir de la Pucelle, qui ne peut retenir ses larmes en songeant « que les âmes des morts « paraissaient en ce moment même devant Dieu, « et rendaient compte de tous leurs crimes et de « toutes leurs cruautés. »

« Après laquelle glorieuse victoire, » dit une chronique de l'époque, « les cloches furent sonnées par « le mandement de la Pucelle, qui retourna cette « nuictée par-dessus le pont (suivie de toute l'ar- « mée), et rendirent grâces et louanges à Dieu. »

Chose incompréhensible ! les huit mille hommes qui formaient l'armée anglaise de la rive droite avaient assisté à la défaite des défenseurs des Tourelles en spectateurs indifférents, et on ne leur avait vu faire aucun mouvement pour porter secours à leurs compatriotes qui périssaient en défendant l'honneur du drapeau.

Le lendemain 8 mai, toute cette troupe était rangée en bataille quand les premières lueurs du jour commencèrent à paraître. Les capitaines français voulaient attaquer, mais Jeanne ordonna qu'on attendît encore, et elle fit célébrer deux messes en présence de l'ennemi. Au moment où la dernière finissait, on lui apprit que les Anglais tournaient le dos. « Laissez-les aller, dit-elle, il ne plaist pas à « Messire qu'on les combatte aujourd'hui ; vous les « aurez une autre fois, et allons rendre grâces à « Dieu. »

Les Anglais purent ainsi se retirer sans être inquiétés dans leur fuite. Dans leur précipitation, ils abandonnèrent leurs blessés et leurs prisonniers et une énorme quantité de munitions de toutes sortes.

Les Orléanais, ivres de joie, se répandirent dans les églises et remercièrent le Seigneur, dans une procession solennelle, de tous les bienfaits qu'il avait accordés à la cité fidèle.

Ainsi fut délivrée la ville d'Orléans, ainsi fut sauvée la nationalité française par le bras d'une vierge envoyée de Dieu. Neuf jours avaient suffi à la Pucelle pour accomplir sa mission.

Avec le siége d'Orléans, nous sommes entrés dans la quatrième période de la guerre de Cent ans, qui s'étend jusqu'à la mort de Charles VII. Il ne rentre point dans notre cadre de raconter la suite des exploits de Jeanne. Nous dirons seulement qu'à la mort de son ingrat souverain (1461) les Anglais ne possédaient plus en France que la place de Calais, qui leur fut reprise en 1558 par **François de Guise**.

Les règnes de Louis XI, de Charles VIII et de Louis XII sont marqués pour Orléans par d'importants agrandissements, qui donnèrent à la ville l'étendue qu'elle a encore aujourd'hui.

En montant sur le trône, Louis XII, qui était duc d'Orléans, réunit son duché au domaine de la couronne.

Sous François Ier, les Orléanais durent payer trente mille écus pour la rançon du roi, fait prisonnier à Pavie. Plus tard, ils furent souvent honorés de sa visite, et notamment en 1539, époque à laquelle ils firent à son hôte Charles-Quint une réception magnifique.

Le règne de Henri II n'est marqué pour Orléans que par des malheurs de toutes sortes : une épidédémie terrible, une inondation désastreuse et de lourds impôts. Aussi, quand à l'entrée du roi dans la ville, en 1551, la belle Diane de Poitiers tomba de cheval auprès de Saint-Pierre-Empont, toute la population applaudit à cet accident, qu'elle considérait comme une juste punition du Ciel.

A sa mort (1559), la couronne tomba entre les mains de François II. L'état intérieur du pays demandait un bras vigoureux et sage, car la réforme, née sous François Ier, avait pris des forces sous le règne de Henri II.

Orléans, qui avait compté au nombre des élèves de son Université Calvin et Théodore de Bèze, avait cédé à l'entraînement commun vers les doctrines nouvelles. En 1557, un nommé Colombeau était venu prêcher la réforme, et le succès de ses prédications avait été tel, que bientôt les premiers de la ville se firent protestants, et qu'Orléans devint comme le centre du mouvement calviniste.

Aussi, lorsque après la conjuration d'Amboise, dans laquelle les huguenots avaient tenté d'enlever le roi, on voulut frapper un grand coup, ce fut à Orléans que les états-généraux furent convoqués (1560), dans une salle en charpente dressée sur la place de l'Etape, en face de l'hôtel du bailli Groslot, l'un des partisans les plus exaltés de la réforme.

Le roi fit son entrée dans la ville, le 18 octobre 1560, avec une grande pompe.

Avant son arrivée, on avait désarmé les habitants et donné à la ville une garnison de huit à dix mille hommes. Aussi François II put-il, sans résistance, faire arrêter le roi de Navarre (père de Henri IV), le bailli Groslot et le prince de Condé. Celui-ci fut mis en jugement, reconnu coupable de lèse-majesté et condamné à être décapité ; la peine allait être exécutée lorsque François II mourut le 5 décembre 1560. Cet événement changea la politique de la cour ; Condé fut mis en liberté et le roi de Navarre reçut le titre de lieutenant du royaume.

Bientôt des excès de toutes sortes portèrent au comble le mécontentement des Guises et des Catholiques, et, après le massacre de Vassy, la guerre civile éclata avec fureur.

En 1562, le prince de Condé se rend maître d'Orléans et lui donne pour gouverneur François de la

Noue. La ville est alors livrée aux horreurs d'une prise d'assaut, les églises sont profanées et pillées, les prêtres massacrés.

Les Catholiques pourtant essayèrent de reprendre cette place importante. Le prince de Condé est fait prisonnier à la bataille de Dreux et François de Guise vient mettre le siége devant Orléans. La prise de la ville devait consommer la ruine du parti calviniste. Déjà le duc était maître de la tête du pont, lorsqu'un jeune homme, Poltrot de Méré, résolut de délivrer les siens par un assassinat. Il se cache derrière une haie, près de Lazin, et au passage du chef catholique il lui tire un coup de pistolet chargé de balles empoisonnées. Le duc, transporté dans une maison nommée les Vaslins, située près d'Olivet, expira après six jours de souffrances, le 18 février 1563.

La pacification d'Amboise qui suivit l'assassinat du duc de Guise n'avait donné satisfaction à aucun parti. Aussi la guerre recommença bientôt avec une ardeur nouvelle, et le 28 septembre 1567, Orléans repris par le capitaine de la Noue, fut encore une fois livré au pillage. L'édit de pacification de 1568 le força de l'abandonner.

Toutefois, les protestants étaient toujours nombreux dans la ville malgré cette reddition.

Charles IX vint alors y résider pour calmer l'effervescence, mais il ne fit qu'irriter davantage les esprits.

Quelques années après (25 août 1572), les massacres de la Saint-Barthélemi, organisés par Armand Sorbin, prédicateur et confesseur de Charles IX, ensanglantèrent Orléans. Ils durèrent une semaine entière, et les catholiques exercèrent de cruelles représailles contre ceux qui avaient dévasté leur ville, ruiné leurs églises et persécuté leurs prêtres. Plus de sept cents, dit-on, périrent victimes de cette terrible réaction.

Lorsque Charles IX mourut en 1574, la lutte venait de recommencer. Les protestants avaient à leur tête le duc d'Alençon, le jeune Condé et Henri de Béarn. Henri III se hâta d'y mettre fin par le traité de Beaulieu (près Loches), qui accordait aux huguenots le libre exercice de leur culte dans toutes les villes du royaume et plusieurs places de sûreté. On promettait de plus la convocation des états-généraux à Blois.

Les catholiques protestèrent de toutes leurs forces contre ce traité, qui était la restauration du parti des huguenots. Ils s'unirent alors pour résister au progrès des hérétiques, et la Ligue vint se dresser menaçante en face de la royauté. Le formulaire qui la constituait fut dressé à Péronne le 12 février 1577. On jurait de se consacrer au maintien des lois et de la religion catholique, de rester toujours dans l'association, d'honorer et de suivre partout le chef, et de se dévouer à sa défense s'il était attaqué. Ce chef, ce fut Henri, duc de Guise. Il trouvait là le moyen de satisfaire son ambition, qui ne tendait à rien moins qu'à renverser le roi pour se faire nommer à sa place, et aussi l'occasion d'assouvir sa vengeance contre les protestants, auxquels il avait voué une haine implacable depuis qu'il avait vu son père tomber sous les coups homicides de Poltrot de Méré.

Orléans entra dans la Sainte-Union, et devint même la place de sûreté du duc de Guise.

Lorsque le duc eut été assassiné à Blois par l'ordre du roi, les ligueurs Orléanais détruisirent la citadelle de la porte Bannier qui résista pendant trente jours.

Henri III, furieux à cette nouvelle, rend un édit qui transfère à Beaugency l'Université et le présidial restés fidèles à sa cause. Mais ce châtiment ne change point les dispositions des Orléanais, qui refusent de reconnaître l'autorité royale.

En 1593, Henri IV vint l'assiéger en personne ; mais lui non plus ne put triompher de la résistance des habitants, et ce fut seulement l'année suivante qu'elle reconnut son autorité. Il vint assez souvent à Orléans pour visiter sa maîtresse, Henriette d'Entragues, fille de Marie Touchet, il rendit à la ville son Université, son siége présidial et tous les offices supprimés sous le règne de son infortuné prédécesseur. C'est aussi à lui qu'elle dût la réédification de sa cathédrale.

Depuis la fin des guerres religieuses, l'histoire d'Orléans ne présente plus guère d'intérêt.

Sous Louis XIII, le duché d'Orléans, qui était annexé à la couronne depuis Louis XII, en fut de nouveau détaché pour Gaston, frère du roi.

Orléans fut plus d'une fois mêlé aux intrigues et aux complots qui agitèrent la vie de ce prince égoïste.

Lorsque, après l'arrestation de Conti, de **Condé** et de Longueville (18 février 1658), qui étaient à la tête des frondeurs, le turbulent Gaston se fut déclaré chef des mécontents, il fit tout pour exciter dans la capitale de son apanage d'ardentes sympathies en faveur de son nouveau parti.

Sous la Fronde, Orléans résolut de garder la neutralité. Cela ne suffisait pas à Gaston ; aussi, lorsqu'en 1652, il vit que Mazarin, qui venait de repousser Condé au-delà de la Garonne, se repliait sur la Loire pour s'emparer d'Orléans, s'empressa-t-il d'y envoyer sa fille, la fameuse Demoiselle de Montpensier, pour faire prononcer hautement les habitants en sa faveur.

Celle-ci se présente à la porte Bannier, mais on lui refuse l'entrée ; à la porte Brûlée, elle n'est pas plus heureuse. Désespérant alors de vaincre la mauvaise volonté de ceux qui gouvernaient la ville, elle ordonne aux mariniers dont elle était accompagnée de faire usage de leurs haches. Deux planches volent en éclats, et elle est introduite par cette ouverture par un valet de pied. Son entrée fut un véritable triomphe ; le peuple la reçut avec des acclamations enthousiastes. Dès lors la ville appartint entièrement aux révoltés, et lorsque le garde des sceaux, Molé, se présenta au nom du roi, on ne voulut pas le recevoir.

Bientôt la défaite de Condé à Bléneau vint chan-

ger la face des choses pour les Frondeurs, la duchesse de Montpensier quitta Orléans en toute hâte.

Gaston étant mort en 1660, sans laisser d'héritier mâle, le duché d'Orléans passa à Philippe, frère de Louis XIV, qui fut alors investi de son apanage. En lui commença la dernière maison d'Orléans, dont le 5me descendant, Louis-Philippe, roi des Français, en 1830, laissa le titre de duc d'Orléans à son fils Ferdinand-Henri, mort le 13 juillet 1842.

Pendant la Révolution, Orléans fut choisi en 1791 pour être le siége de la Haute-Cour nationale, chargée de juger les principaux accusés politiques. En 1793, des agents révolutionnaires étant venu agiter le pays, la ville par sa résistance devint suspecte de modérantisme. Barrère la fait déclarer en état de révolte, des arrestations de fonctionnaires et de gardes nationaux sont faites, elle est mise hors la loi et livrée à la violence de Collot d'Herbois. Neuf des accusés sont condamnés à mort et exécutés. Ce fut seulement la réaction de thermidor qui vint délivrer Orléans du despotisme de la Terreur.

L'occupation de la ville par les troupes prussiennes en 1815 est le plus important des événements qui se soient passés à Orléans depuis cette époque. Déjà, l'année précédente, les Cosaques l'avaient menacé. Ils étaient même venus jusqu'à Bionne et à Saint-Loup ; mais ils s'étaient retirés à la nouvelle de la victoire de Montereau.

Après le désastre de Waterloo, Orléans fut envahi par l'Etranger, il faillit même devenir le théâtre d'un sanglant combat. En effet, de l'autre côté de la Loire était campée l'armée française en déroute.

Au moindre mouvement des Prussiens pour traverser le fleuve, les cent vingt canons qui la protégeaient eussent fait feu sur la ville. Pour éviter toute surprise, les Français avaient miné les deux arches du pont du côté de la rue Dauphine, et, au milieu, ils avaient élevé une barrière en planches, derrière laquelle veillait une de leurs sentinelles. De l'autre côté était un poste de Prussiens, prêt à donner l'alarme en cas d'attaque.

Heureusement ces dispositions devinrent inutiles, par la retraite de l'armée prussienne, qui dirigea sa marche vers Blois et Tours.

En 1870, Orléans fut de nouveau envahi par les Prussiens.

Le 11 Octobre de cette année, ils entrèrent dans la ville, après avoir éprouvé une vive résistance ; alors ils mirent à sac les faubourgs Bannier et St-Jean, et incendièrent celui des Aydes. Orléans fut repris par les troupes françaises, un mois après, (10 novembre), le lendemain de la victoire de Coulmiers. Malheureusement l'ennemi concentrant dès lors toutes ses forces autour de cette ville, qui devait servir de base d'opération au gouvernement de la Défense nationale, pour délivrer Paris, l'occupa de nouveau et définitivement dans la nuit du 4 au 5 décembre, à la suite des combats meurtriers de Patay, Bricy et Boulay. Le général Chanzy, dont les troupes improvisées avaient lutté héroïquement, mais beaucoup souffert, porta son quartier général à Josnes (Loir-et-Cher), Orléans ne fut définitivement évacué que le 16 mars 1871.

Avant la révolution, Orléans était le siége d'une généralité créée par Henri II en 1558 ; d'une élection, d'un bailliage, d'un siége présidial, d'une prévôté, d'un des plus anciens évêchés de France, d'un bureau des finances, d'une Université célèbre, d'une chambre des monnaies, d'une chambre consulaire, d'une maîtrise des eaux et forêts, et d'une municipalité composée de douze échevins, au premier desquels un édit de Charles IX de 1569 avait permis de porter le titre de maire.

Aujourd'hui elle est le chef-lieu du département du Loiret ; le siége d'un évêché, et d'une cour d'appel qui embrasse dans son ressort les trois départements du Loiret, d'Indre-et-Loire et de Loir-et-Cher.

Outre les administrations financières, militaires et administratives que possèdent tous les chefs-lieux de département, on trouve à Orléans une inspection des eaux et forêts et une direction télégraphique.

Il existe de plus dans la ville un lycée, un grand séminaire, une école normale primaire, une bibliothèque publique, un musée, etc., etc.

La population est d'après le recensement de 1877 de 52,157 habitants.

Le Commerce et l'Industrie ne manquent pas d'une certaine activité.

Orléans a donné le jour à plusieurs hommes remarquables ; les principaux sont : les jurisconsultes Pothier et Jousse, l'historien Jacques Bougard, parmi les savants, le père Petau et le Baron de Morogues, Economiste.

SITUATION ET ASPECT GÉNÉRAL.

Orléans est bâtie sur la rive droite de la Loire, où elle occupe un terrain légèrement incliné.

A la sortie de la gare, on se trouve sur une vaste esplanade plantée d'arbres. Cette promenade, à chacune de ses extrémités, est continuée par d'autres boulevards qui entourent la ville jusqu'à la Loire. Les Voies principales sont : la *rue Bannier*, la *place du Martroi* au milieu de laquelle est élevée la statue de Jeanne d'Arc. La *rue Royale* construite en 1790, on remarquera que toutes les façades de maisons sont composées uniformément de deux étages et d'un rez-de-chaussée à arcades cintrées. *Le Pont* avec ses neuf arches, celui-ci commencé en 1751, fut terminé 10 ans après, sa largeur est de 15^m 65 et sa longueur de 355^m 40.

De la rue Royale se détache la *rue Jeanne-d'Arc*, magnifique voie de 20 mètres de largeur, faisant face à la Cathédrale.

Deux beaux quais larges et plantés d'arbres se développent sur toute la partie de la ville qui borde la Loire.

PLACES, PROMENADES

MONUMENTS & MAISONS REMARQUABLES

MONUMENTS RELIGIEUX.

La *Cathédrale Sainte-Croix* fut commencée au IVe siècle, vers la fin du règne de Constantin. Elle eut pour fondateur saint Euverte, un des premiers évêques d'Orléans. A sa mort, l'œuvre était encore inachevée. Saint Aignan, son successeur, la compléta. Mais, en 865, les Normands surprirent Orléans, et brisèrent presque entièrement la magnifique Cathédrale.

Grâce aux largesses de Carloman, les habitants purent la relever en 883; mais un peu plus d'un siècle après, sous le règne de Robert-le-Pieux, elle s'abîma de nouveau dans un terrible incendie, qui ne fit plus de la ville qu'on monceau de ruines.

Elle fut rétablie par les soins de l'évêque Arnoul; mais, par suite d'un vice de construction, une partie s'écroula et il fallut démolir le reste (1227).

Ce fut Robert de Courtenay, arrière-petit-fils de Louis-le-Gros, nommé à l'évêché d'Orléans en 1259, qui entreprit de rendre à sa ville épiscopale un temple digne de l'ancien. Le roi Philippe-le-Hardi, les habitants, le clergé, chacun apporta son concours à l'œuvre ; mais le prélat mourut avant de l'avoir commencée, et ce fut son successeur, Gilles Pastai, qui posa la première pierre, en grande pompe, le 11 septembre 1287.

La reconstruction fut poursuivie sous les évêques qui vinrent ensuite ; mais, malgré les sommes immenses qu'on dépensa, l'édifice était encore inachevé quand, dans la nuit du 23 ou du 24 mars 1568, des soldats protestants, cédant aux fougueuses prédications de Théodore de Bèze, et au mépris de l'ordre du prince de Condé, leur chef, minèrent les quatre piliers qui supportaient le clocher, et mirent le feu à la Cathédrale, qui s'abîma encore une fois. Il ne resta plus debout que les tours romanes, six piliers, la petite porte du côté septentrional et les chapelles du rond-point, qui sont encore là, comme pour attester la magnificence de la basilique du XIIIe siècle.

A peine les décombres avaient-elles cessé de fumer, que Mgr de la Saussaye s'occupa de réédifier sa Cathédrale ; mais tout ce qu'on fit sous les règnes de Charles IX et de Henri III n'eut qu'une durée éphémère, et c'est à Henri IV que revient véritablement l'honneur de sa reconstruction. Il avait obtenu du Pape Clément VIII d'être relevé à ce prix de l'excommunication qu'il avait encourue comme hérétique, le roi procéda solennellement à la pose de la première pierre, le 18 avril 1601, avec son épouse, Marie de Médicis.

Il légua son œuvre incomplète à ses successeurs. Louis XIII accorda cent arpents de bois pour les charpentes. Louis XIV fit poursuivre les travaux avec activité, comme le prouve la devise *Nec pluribus impar*, inscrite sur les deux rosaces latérales. C'est aussi sous son règne, en 1707,' qu'on construisit la flèche qui vient d'être détruite, et un jubé dont les écrivains du siècle dernier ont fait un pompeux éloge. Il a disparu en 1791, lorsque Sainte-Croix devint paroisse. Le grand christ placé aujourd'hui en face de la chaire, en dépendait; c'est l'œuvre du sculpteur J.-B. Tuby.

Sous Louis XV, on finit, en 1726, de démolir les vieilles tours, et l'on jeta les fondations de celles qu'on voit actuellement. On doit aussi à ce monarque le maître-autel, en marbre rare, qui décore le sanctuaire.

Sous Louis XVI, les travaux continuèrent, et les tours furent terminées en 1790.

A la grande Révolution, la Cathédrale devint le temple de l'Eternel, et l'on y célébra les fêtes républicaines. Dès 1796 elle fut rendue au culte.

Depuis lors, on se remit à l'œuvre avec vigueur, et le 8 mai 1829, Sainte-Croix était achevée, et le grand portail s'ouvrait pour donner passage à la procession commémorative à la délivrance d'Orléans.

Tel est l'historique rapide de la construction de ce monument grandiose dont Orléans est orgueilleuse à si juste titre. Sa longueur totale, hors œuvre, est de 143 mètres 85 centimètres; sa plus grande largeur, de 66 mètres 74 centimètres. La hauteur de la nef est de 33 mètres jusqu'à la voûte ; de 48 mètres jusqu'aux combles. La hauteur des tours, à partir du sol, est de 86 mètres, compris les anges. La somme approximative dépensée pour l'édification totale du monument s'élève à vingt-deux millions, dont 7 pour les tours.

La flèche, élégante et fière, surpasse les tours de 15 mètres, ce qui lui donne 64 mètres au-dessus de la première galerie. Elle est du style du XIIe siècle, comme celle de la Sainte-Chapelle, dont elle dépasse l'élévation de 38 mètres environ. Sa croix, qui pèse 1,185 kilogrammes, atteint seule une hauteur de sept mètres. La boule a un mètre de diamètre.

Maintenant, que le voyageur regarde sans prévention la masse imposante de Sainte-Croix qui se dessine sur l'azur du ciel ; qu'il examine ces tours majestueuses qui se dressent avec leurs fines dentelures, leurs escaliers à jour et leurs colonnes aériennes ; qu'il contemple les formes gracieuses de l'abside ; qu'il s'arrête devant cette petite porte de l'évêque, si coquette avec ses quatorze statuettes posées sur leurs socles ouvragés ; qu'il étudie ces mille clochetons savamment sculptés, ces contreforts élégants, ces fenêtres à ogives, ces galeries découpées, ces corniches artistement fouillées ; qu'il juge ensuite ; et nous serions bien étonné, si le sentiment qui s'empare de lui n'est pas une admiration profonde.

L'intérieur est plein de grandeur et de majesté. Les piliers sévères, dont les lignes prismatiques montent d'un seul jet vers les voûtes, la hardiesse de celles-ci, les arcades ogivales qui se perdent dans l'éloignement ; tout concourt à augmenter les proportions déjà si vastes de l'édifice.

Les chapelles du rond-point, qui ont échappé à la fureur des calvinistes, méritent toute l'attention des visiteurs. C'est un beau type de l'architecture gracieuse du XIIIe siècle, et la partie de l'édifice la plus admirée des connaisseurs ; rien n'est plus charmant que les peintures polychrômes dont on les a décorées. Leurs autels du XIIIe siècle et leurs mosaïques sont aussi du meilleur goût.

La chapelle de la Vierge contient une *Mater dolorosa*, en marbre blanc, d'un grand mérite. Elle est due au ciseau de Michel Bourdin, l'auteur du tombeau de Louis XI élevé dans l'église Notre-Dame de Cléry. La décoration funèbre de cette chapelle provient de ce qu'elle fut choisie par la comtesse de Saint-Pol pour y déposer le cœur de son fils, mort au siège de Montpellier.

Les cinq chapelles de droite sont dédiées à *saint François d'Assise*, à *sainte Thérèse*, à *la Croix*, à *saint Michel*, à *tous les saints*. Dans cette chapelle ont été inhumés Mgr Fayet, mort le 4 avril 1849, et son successeur Mgr Dupanloup, décédé le vendredi 11 octobre 1878, au château de La Combe (Isère). Les cinq chapelles de gauche sont sous le vocable de *saint Aignan*, de *saint Charles*, de l'*Agonie*, de *saint Louis*, enfin de la *Mission*. C'est là qu'ont été déposés, le 17 novembre 1823, les restes du célèbre jurisconsulte *Joseph-Robert Pothier*.

A chaque croisillon du transsept, on a décoré avec tout le luxe du style gothique, deux chapelles dédiées, l'une, celle de gauche, à la Vierge ; l'autre au Sacré-Cœur.

Les dispositions architecturales conservées dans les églises gothiques ont été respectées dans l'intérieur. Les murs des bas-côtés sont ornés, sous les fenêtres basses, d'arcatures où M. Clovis Monceau a sculpté en 1873, en grands bas-reliefs, un *chemin de Croix*.

L'orgue de la Cathédrale vient de l'abbaye de Saint-Benoist-sur-Loire. Tout récemment, la maison Cavaillé-Coll a été chargée de le réparer et de le munir de tous les perfectionnements de la facture moderne. Le trône de l'évêque ne manque pas non plus de mérite au point de vue de l'exécution ; mais on lui reproche son style moderne, en désaccord avec le reste de l'édifice.

Si vous pénétrez dans la sacristie, on vous montrera les armoiries des évêques d'Orléans, peintes depuis peu sur les murailles ; ce qui reste des anciennes richesses de Sainte-Croix ; un tableau de Jouvenet, représentant *Jésus au jardin des Oliviers*, et un autre, non moins remarquable, où l'on voit *Jésus portant sa croix*. Cette toile, qui appartenait à Saint-Pierre-du-Martroi, est attribuée à Murillo. On suppose que c'est une portion d'un tableau beaucoup plus considérable, qui aurait été lacéré lors de la guerre d'Espagne.

Saint-Aignan (*cloître Saint-Aignan*). L'église Saint-Aignan que nous voyons aujourd'hui, et qui est rangée au nombre des monuments historiques, n'est plus qu'un débris de la belle collégiale de ce nom. Les guerres religieuses et la révolution l'ont en partie détruite. Ainsi sa nef est tombée, en 1567, sous la fureur des calvinistes, et en 1804, l'architecte Lebrun, qui l'avait acquise en 1792, démolit la tour et les restes des quatre arcades de la grande nef. L'abside et le transsept, qui demeurent seuls debout, défigurés par de déplorables mutilations, ont même menacé ruine en 1820, et peut-être se seraient-ils écroulés sans les robustes contre-forts au moyen desquels on les a étayés du côté méridional.

Tel qu'il est actuellement, Saint-Aignan est encore un des plus beaux édifices que nous possédions. Il a en partage toute la splendeur et toute la majesté architecturale du style flamboyant du XVe siècle, sans mélange des défauts qu'on lui a souvent reprochés. Ses contre-forts découronnés, ses gargouilles brisées, ses ornements lacérés, n'empêchent pas de reconnaître la beauté du plan général ; et quoique son portail ait été la proie de bien des outrages, il est digne encore de toute notre admiration.

L'intérieur a été restauré sur les plans de M. Clouet, architecte du gouvernement. La nef est élevée et grandiose ; les nervures de ses voûtes s'appuient sur des culs-de-lampe sur lesquels l'artiste a sculpté tantôt des figures d'hommes ou de démons, tantôt des feuillages variés. Les clefs à partir du sanctuaire sont ornées des armes de France (Louis XII) ; de France, d'Anjou et de Sicile

(Marie d'Anjou, femme de Charles VII) ; de Dauphiné (le petit Dauphin, depuis Charles VII), et d'Orléans (Louis d'Orléans depuis Louis XII) ; sur celle de l'abside, saint Aignan est représenté en habits pontificaux et les mains étendues pour bénir.

Des vitraux, il ne subsiste plus que des débris. Un seul possède un sujet intact : c'est une croix auprès de laquelle on voit la Vierge Marie, saint Jean, le disciple bien-aimé, et sainte Madeleine. On retrouve encore dans les restes des autres verrières les armoiries du chapitre, qui se composaient d'un écusson au champ d'azur, avec trois fleurs de lis d'or, d'une couronne et de deux clefs croisées.

Les bas-côtés sont extrêmement étroits, caractère qui se rencontre dans toutes les collégiales et dans toutes les églises de communautés religieuses, parce que le chœur seul était occupé, et que les collatéraux ne servaient qu'au passage des processions.

Dans la chapelle de la Vierge existe, au-dessus du tabernacle, une statue très-insignifiante au point de vue de l'art, mais qui ne manque pas d'une certaine valeur archéologique. Elle a été exécutée en 1696 par un sculpteur orléanais, Hubert, pour être placée dans la niche du portail du fort des Tourelles, si célèbre dans notre histoire locale.

Saint-Aignan possède aussi un lavabo d'un travail exquis, et au-dessus de la porte d'une de ses sacristies, une *Descente de croix* qu'on attribue à Annibal Garrache.

Sous l'église s'étend une crypte digne de toute l'attention du touriste. On suppose qu'elle fut construite au commencement du XIe siècle par le roi Robert, dont le nom se retrouve bien souvent attaché aux fondations pieuses de notre ville. Le plan présente, dans son ensemble, un chœur à abside circulaire, une galerie collatérale qui l'enveloppe, et cinq chapelles rayonnantes autour du rond-point. Les voûtes sont plein-cintre ; les piliers qui les supportent sont presque totalement dénués d'ornements, sauf deux, qui sont surmontés de chapiteaux fort curieux.

A la partie occidentale de cette crypte se trouve une chapelle souterraine dont la conformation est semblable à celle d'un *martyrium*, espèce de caveau dans lequel on renfermait le corps des martyrs ou des confesseurs, dans le commencement du christianisme. Tout semble indiquer que cette chapelle date d'une époque antérieure au reste de la crypte.

La fondation de l'église supérieure que nous avons visitée remonte bien plus haut. Voici ce qu'on sait à cet égard :

L'an 349, alors que les Romains étaient maîtres des Gaules, Diopet, évêque d'Orléans, fit construire sur les débris d'un temple romain une chapelle sous le vocable de Saint-Pierre-aux-Bœufs. Elle fut rebâtie tour à tour par Clovis, par Charlemagne (à la suite d'un incendie), par Charles le Chauve (à la suite de l'incendie de 999), par Robert le Pieux (1029). En 1370 et en 1428, on la rasa, dans la crainte que les Anglais, qui menaçaient la Ville, ne s'y retranchassent, Charles V et Charles VI l'avaient reconstruite après sa première démolition. Louis XI, Charles VIII et Louis XII la rebâtirent à leur tour. L'édifice qu'ils élevèrent est l'édifice actuel.

Saint-Euverte (*boulevard Saint-Vincent*). A la place où s'élève maintenant ce temple majestueux existait seulement, au IVe siècle, une simple chapelle sous le vocable de Sainte-Marie-du-Mont. C'est là que furent déposés, en 390, les restes mortels de saint Euverte. A partir de cette époque, le nom de Notre-Dame-du-Mont se perdit insensiblement, et fit place au nom de Saint-Euverte, qui est resté à l'église jusqu'à nos jours.

En 999, le nouveau sanctuaire devint la proie des flammes, lors de l'incendie qui anéantit la ville presque entière. L'abbé Etienne de Tournay le rétablit; mais, en 1359, son œuvre fut détruite par les Orléanais eux-mêmes, qui rasaient tous les édifices qui pouvaient servir de postes militaires au prince de Galles, dont l'armée s'avançait pour les combattre.

Relevé presque aussitôt, grâce aux largesses de Charles V et du chapitre de Saint-Martin de Tours, il tomba de nouveau, en 1429, devant les impérieuses nécessités de la défense de la place, assiégée par les Anglais.

Dès que le péril fut passé, on travailla à sa reconstruction; mais il était dans sa destinée d'être dévasté encore une fois, et les protestants, en 1562, le ruinèrent complètement. Ce furent Charles IX et Henri IV qui effacèrent les traces de leur passage.

Le style ogival pur domine dans l'ensemble du monument ; mais un œil exercé y trouve des portions qui appartiennent à l'architecture des XIIe, XVe, XVIe et XVIIe siècles. C'est à cette dernière époque qu'il faut attribuer la construction de la tribune de l'orgue, qui est un non-sens avec le plan général. Quant aux étages supérieurs du clocher et à son dôme massif, ils furent commencés à la fin du siècle précédent sur les dessins de Langelar.

Nous signalerons particulièrement le porche à l'attention des visiteurs ; c'est une des plus heureuses et des plus élégantes productions qu'ait jamais enfantées l'union du gothique avec le style du commencement de la Renaissance.

L'Eglise n'est plus paroissiale ; elle est entre les mains des Pères de la Miséricorde.

Saint-Pierre-le-Puellier (*à l'extrémité de la rue de l'Université*). Nous sommes en présence de la plus antique des églises d'Orléans ; on fait remonter sa fondation à 346, époque où la domination romaine pesait encore sur les Gaules. Son architecture est loin d'être homogène à cause des destructions et reconstructions partielles qu'elle a subies ; mais son intérieur offre un grand intérêt pour l'archéologue parce qu'elle a conservé, en partie, son type primitif. On y rencontre quelques inscriptions curieuses, et un vieux panneau du XVIe siècle, représentant diverses scènes de la Vie du Christ ; il est placé au-dessus du banc des Marguilliers.

Saint-Paul (*rue de Recouvrance*) fut formée de

la réunion des deux chapelles de Saint-Paul et de N.-D. des Miracles.

Reconstruite à la fin du XVe siécle, elle offre l'architecture de cette époque et celle de la Renaissance. Sa façade a été refaite en 1854 dans le style du XVe siècle. L'intérieur est sans majesté. Dans le côté méridional s'ouvre la chapelle de N.-D. des Miracles, qui renferme une statue de Vierge, connue sous le nom de *Vierge noire,* objet de la vénération des fidèles.

A côté de l'église s'élève son clocher, qui en fut toujours détaché. Ce monument, simple et sévère, a été construit sur les fondements mêmes de la tour d'une des anciennes enceintes de la ville. Il fut terminé en 1627. Sa largeur à la base est de 7 mètres ; sa hauteur est de 35 mètres environ.

Notre-Dame-de-Recouvrance (*rue de ce nom*) a été inaugurée en 1519. On y trouve un étrange assemblage de l'ogive et du style de la Renaissance, notamment dans sa façade. A l'intérieur on est frappé de la majesté de la nef et des proportions harmonieuses de l'ensemble. Le style de la Renaissance y règne presque partout sans mélange. Elle a été restaurée et décorée somptueusement en 1857. On remarque surtout la grande verrière du chœur (XVIe siècle); un groupe en pierre de 5 personnages. représentant *Jésus parmi les docteurs* ; plus un grand bas-relief qui donne le même sujet. Les côtés sont recouverts de magnifiques peintures du peintre Lazerges, représentant la vie de la Vierge et les principaux titres que l'Eglise donne à la mère de Dieu.

Saint-Paterne (*rue Bannier*). Cette Eglise n'a rien de remarquable ; elle sera remplacée par un monument nouveau qui se construit actuellement.

Saint-Pierre-Ensentelée (*place du Martroi*). La fondation de cette église remonte au Xe siècle. Après avoir essuyé des désastres qui n'ont rien laissé des anciennes constructions, elle fut reconstruite en briques au XVIe siècle ; c'est un mélange du style ogival en décadence et du plein cintre qui commençait à se faire jour.

Saint-Donatien (*rue de la Charpenterie*). L'antique origine de cette église ne se révèle plus que par les six piliers du chœur et leurs arcades ogivales, qui appartiennent au style le plus pur du XIIe siècle. Tout le reste fut détruit par les Anglais, et, plus tard, dans les guerres de religion. Elle fut rétablie au XVIIe siècle, auquel elle doit l'ensemble de son vaisseau, son portail bâtard, et son clocher massif à toit aigu.

Saint-Laurent (*faubourg Madeleine*). Cette église, appelée autrefois Saint-Laurent-des-Orgerils existait dès le Ve siècle. De l'antique édifice il ne reste plus rien, pas même la crypte, celle qui existe actuellement est d'une origine assez récente.

Ancienne Eglise Saint-Jacques (*rue des Hôtelle-*

ries). On ignore quelle fut au juste l'époque de la fondation de cette église. L'édifice actuel ne peut pas remonter plus haut que la fin du XVe siècle.

Cette chapelle, dévastée par les protestants en 1562 et 1569, est un des plus jolis restes que possède Orléans de l'époque où l'architecture ogivale va faire place au style de la Renaissance.

Le portail, composé de deux portes largement évasées, et à profondes voussures, est d'une richesse merveilleuse ; les dentelures, les feuillages, les arabesques dont il est entouré sont d'une légèreté et d'une grâce incomparables. Au-dessus se dresse une tourelle que les protestants ont détruite en partie, et qui rompt agréablement la monotonie d'une façade presque sans ornements.

On parle depuis de longues années de restaurer ce délicieux monument. En attendant, il se détériore chaque jour davantage entre les mains des revendeurs auxquels il est abandonné, au grand regret de tous ceux qui aiment la belle architecture.

Evêché (*rue de l'Evêché*). Il fut construit en 1631, l'aspect en est austère, mais il n'y a rien de remarquable.

Le grand Séminaire (*rue de l'Evêché*). La création du grand séminaire fut autorisée par une ordonnance de 1669.

Dans sa chapelle existent de magnifiques boiseries, dont le roi Louis XIV fit présent en 1706 à l'évêque d'Orléans pour le chœur de la Cathédrale. Destinées dans le principe à la chapelle de Versailles, elles ont été sculptées par Dugoullon, sur les dessins du célèbre peintre Lebrun.

En 1852, on a prolongé les deux ailes en retour du bâtiment principal. Au moment où l'on creusait les fondations, on fit la découverte d'une crypte précieuse par son antiquité. Sa longueur intérieure est de 9 mètres 50 centimètres ; sa largeur, de 6 mètres 20 centimètres. Tout porte à croire qu'elle dépendait de la chapelle de Saint-Avit, dont on fait remonter la construction au roi Childebert.

Temple Protestant (*place Saint-Pierre-Empont*). Cette construction remonte seulement à 1836. Elle a été élevée sur l'emplacement d'une des plus anciennes églises d'Orléans, Saint-Pierre-Empont.

Ancien couvent des Minimes (*rue d'Illiers*). Les bâtiments de ce Couvent sont aujourd'hui occupés par un pensionnat. La chapelle des Minimes rappelle un triste souvenir historique. En 1792 la haute Cour Nationale y siégea, et les principaux accusés qui y furent condamnés et détenus en partirent pour Versailles où ils furent massacrés le 3 septembre de 1793.

ÉDIFICES CIVILS.

Préfecture (*rue de Bourgogne*). La Préfecture occupe l'emplacement d'un palais ou d'un temple élevé par les conquérants de la Gaule. Elle a été restaurée de 1864 à 1865. C'est maintenant un bâtiment vaste élevé de deux étages et de construction moderne, sur sa façade sont sculptées les armes des principales villes de l'Orléanais.

En face de la Préfecture s'ouvre la rue Pothier, dans laquelle se trouve la maison où vécut ce grand jurisconsulte.

Dans la même rue, à l'extrémité la plus rapprochée de la préfecture, on aperçoit encore les ouvertures ogivales et le toit aigu d'un édifice du XVe siècle, c'est l'ancienne salle des thèses de la célèbre Université d'Orléans.

Hôtel-de-Ville (*place de l'Etape*). A l'aspect de cet hôtel on ne croirait guère être en présence d'un édifice construit à l'époque à laquelle l'afféterie italienne commençait à envahir notre architecture ; on se croirait plutôt en présence d'un de ces monuments majestueux qui se dressent fièrement au milieu des vieilles cités de la Flandre.

C'est en 1530, au moment où la Renaissance étalait partout sa gracieuse coquetterie et son luxe exagéré, que fut élevé cet édifice par le bailli Jacques Groslot, secrétaire de la reine de Navarre

Jeanne d'Albret, homme austère comme un puritain, partisan fougueux de la doctrine de Calvin.

La restauration, dont elle a été l'objet, a changé un peu cet aspect. La toiture a été ornée d'élégantes galeries en fer ouvragé, et un léger campanile l'a surmontée. A l'escalier de pierre large et droit a succédé un perron qui se contourne gracieusement avec ses arabesques et ses rampes à jour. Mais ce sont bien toujours les mêmes pignons aigus, les mêmes murailles avec leurs briques alternativement noires et rouges qui forment losange; les mêmes ouvertures à lignes simples et unies.

Dans des niches se trouvent les statues des hommes dont la mémoire est chère à Orléans : Saint Aignan, qui sauva la ville lors de l'invasion d'Attila ; l'architecte Androuet-Ducerceau ; le savant jésuite Petau ; Bongars, critique érudit ; le célèbre jurisconsulte Pothier, Jousse, son élève et son ami ; le médecin Petit, fondateur d'un établissement de consultations gratuites de médecine et de jurisprudence.

Ces sept statues sont l'œuvre de M. Jouffroy.

Dans le retrait formé par les deux rampes du perron, s'en élève une huitième plus grande que les précédentes ; c'est une reproduction exacte de la statue de Jeanne d'Arc de la princesse Marie, qui existe dans les galeries de Versailles. Elle a été donnée à la ville d'Orléans en 1841, par le roi Louis-Philippe.

La vierge de Domrémy, revêtue d'une armure guerrière, est représentée dans une attitude méditative. Dans ses mains croisées sur sa poitrine, elle tient l'épée qui doit sauver la France. Son visage angélique exprime la résignation et la tristesse ; on y lit ce je ne sais quoi qui annonce les martyrs et les saints. De tous les monuments élevés à la gloire de la libératrice d'Orléans, c'est le seul qui ait défié la critique.

Si maintenant nous levons les yeux, nous apercevons au-dessus des portes latérales du haut du perron quatre cariatides, deux hommes et deux femmes, qui soutiennent des corniches très-saillantes. Le mérite de l'exécution et la perfection des formes les font attribuer à Jean Goujon, le restaurateur de la sculpture en France.

Au sommet des lucarnes sont peintes des armoiries. Voici les noms auxquels elles correspondent, en commençant par l'écusson le plus rapproché de la rue d'Escures : le comte de Saint-Pol, gouverneur d'Orléans en 1615, et la princesse de Bourbon-Condé, son épouse ; le maréchal Claude de la Châtre, qui fut aussi gouverneur d'Orléans ; François Ier, Charles IX, Henri IV, le duché d'Orléans, la ville d'Orléans, Henri III, François II, Louis d'Orléans, frère de Charles VI ; Jacques Groslot, bailli d'Orléans ; Balzac d'Entragues, gouverneur de la ville en 1572.

L'intérieur a été également restauré dans le genre du château de Blois. On y remarque surtout un salon d'une élégance exquise ; les lambris, le plafond, les colonnades, tout y est splendidement décoré de magnifiques peintures ; les murailles sont ornées des écussons et des noms des maires qui ont administré la cité depuis 1569, époque de leur institution, jusqu'en 1842. Mais ce qui attire surtout l'attention des artistes, c'est sa belle cheminée du style de la Renaissance. L'ornementation, qui est un chef-d'œuvre de goût, a été confiée à M. Libersac ; M. Jouffroy et M. Vallette son élève, sont les auteurs des trois admirables bas-reliefs qui représentent la Pucelle à Domrémy, à Orléans et à Reims, dans le même salon se trouve une copie de la célèbre Jeanne d'Arc de M. Ingres, par M. Pichon ; la tête a été retouchée par le maître lui-même.

On y voit aussi une statuette en bronze de Jeanne d'Arc par la princesse Marie d'Orléans. La reine Amélie avait déjà donné à la Société archéologique de l'Orléanais, le 13 avril 1853, un modèle en plâtre de cette statuette trop peu connue, le bronze a été envoyé à la ville d'Orléans, sur sa demande, en 1855.

Du vivant de la princesse Marie, cette statuette n'était pas sortie de son atelier, où quelques privilégiés avaient seuls été admis à la voir. Après sa mort, elle n'a été exposée nulle part, ni exécutée en marbre. Il n'en existe qu'un très-petit nombre d'épreuves en plâtre et en bronze. Jeanne d'Arc montée sur un cheval caparaçonné, porte le costume des chevaliers du XIe siècle, de la main elle tient son épée abaissée ; son regard s'arrête sur un Anglais blessé mortellement et renversé sous les pieds de son cheval.

Si maintenant nous remontons en arrière, jusqu'au bailli Groslot, et que nous fassions revivre, par la pensée, tous les personnages célèbres qui ont habité cet hôtel, nous voyons passer bien des figures sinistres, et aussi quelques gracieux visages. C'est d'abord François II, qui mourut dans l'une de ses salles, lorsqu'il venait présider les états-généraux ; puis, à ses côtés, son épouse, la poétique Marie Stuart, si belle et si infortunée ; l'implacable Catherine de Médicis ; Charles IX, de sanglante mémoire ; Henri III, tour à tour superstitieux et débauché, et sa femme Louise de Lorraine ; les Guises, dont le nom seul rappelle la Ligue : le turbulent Louis Ier, prince de Condé, dont le principal mérite, selon Voltaire, fut d'être le père du grand Condé ; Henri IV, le roi populaire, et son épouse Marie de Médicis ; Coligny, l'une des victimes de la Saint-Barthélemy ; le connétable de Montmorency ; enfin le comte d'Artois, depuis Charles X.

C'est aussi dans *la grande maison de l'Etape* que commença, pendant la Révolution, le drame lugubre dans lequel neuf citoyens furent punis du dernier supplice, pour avoir repoussé le représentant du peuple Léonard Bourdon, qui voulait s'introduire à la Mairie, malgré la consigne.

Il y avait bien peu de temps alors que l'hôtel Groslot avait reçu cette destination. Acheté en 1738 par la ville d'Orléans, et la dame de Rochechouart, pour cet usage, l'administration municipale n'y avait cependant été transportée qu'en 1790. Depuis, elle ne l'a plus quitté.

Musées (*ancien Hôtel-de-Ville, rue des Petits-Souliers et rue Sainte-Catherine*).

Cet édifice, l'un des plus précieux et des plus complets dont notre ville puisse s'énorgueillir malgré les dévastations qu'il a subies, fut élevé d'après les plans de l'architecte Viart, qui s'était déjà signalé par la construction du petit hôtel de ville de Beaugency.

On commença à jeter les fondations dès 1443. A cette époque, en effet, les échevins, qui avaient un lieu de réunion dans le Châtelet, s'étant vus forcés de l'abandonner par suite de l'arrivée du duc d'Orléans et de son épouse Marie de Clèves, qui en avaient pris possession avec une cour nombreuse, achetèrent l'auberge des Créneaux et plusieus maisons voisines, et firent construire sur leur emplacement le charmant hôtel que nous admirons aujourd'hui.

Son beffroi, qui domine toute la cité, fut édifié sur les fondations mêmes d'une des tours qui protégeaient la première enceinte. Dans le principe, il était recouvert d'un toit de forme pyramidale ; mais depuis longtemps on l'a rasé au niveau de la plateforme que nous voyons maintenant.

Le bourdon qu'il renferme date de l'année 1453. On remarque sur ses parois un cœur de lys, d'où s'élance une tige vigoureuse avec cette inscription : *Hoc vernant lilia corde :* « Ce cœur fait fleurir les lis. » C'est la seule cloche d'Orléans qui ait échappé aux fureurs des protestants, parce qu'*elle n'avait jamais sonné la messe.*

La partie la plus belle du monument est la façade de la rue Sainte-Catherine. Elle est d'une richesse de style, d'une magnificence d'ornementation, d'un fini de détails qu'on ne saurait décrire.

Dans la cour on remarque le grand portail si richement sculpté qui fait face au perron (il provient de la démolition de l'ancien Hôtel-Dieu d'Orléans); ainsi que la petite porte qui ferme la galerie des antiques.

Le corps municipal conserva cet hôtel jusqu'en 1790. A cette époque, il l'abandonna pour prendre possession de l'ancien hôtel Groslot, situé sur la place de l'Etape. Des tribunaux l'occupèrent alors jusqu'en 1824, et ce fut seulement le 4 novembre de l'année suivante qu'il fut converti en musée, grâce à la généreuse initiative de M. le comte de Bizemont, protecteur éclairé des arts.

L'administration municipale et les habitants, ayant rivalisé de zèle pour l'embellir, il est rangé au nombre des plus riches musées de province.

Le musée de peinture et de sculpture est composé de collections de tableaux, d'estampes, de statues et de sculptures appartenant à la ville. On y admire surtout des tableaux de Teniers, de Watteau, de Martin Vos, de Desfriches, de Fragonard, de Vanloo, de Vernet, de Vien, de Rosa Bonheur; la dernière toile du baron Gérard, et un magnifique *Saint Charles Borromée*, de Philippe de Champagne. A côté se trouvent des statues, dont l'une est due au ciseau de Pradier, et des dessins de Callot, Watteau, Vernet, Vien, Vouet, Desfriches, Géricault, Gidoret, etc., etc.

L'une des salles de ce musée est spécialement consacrée à Jeanne d'Arc. On y remarque une épreuve en plâtre de la statue équestre de l'héroïne par la princesse Marie, cette épreuve est semblable à celle en bronze placée dans le grand salon de l'Hôtel-de-Ville.

Le musée d'histoire naturelle est très-complet.

Les musées sont ouverts du 2 novembre au 31 août, le jeudi et le dimanche de chaque semaine, de midi à quatre heures. Mais les étrangers peuvent les visiter tous les jours, de midi à trois heures.

Palais-de-Justice (*rue Bretonnerie*). Cet édifice est d'une date toute récente, il fut inauguré en 1824. Près du palais se trouvent la Gendarmerie et les Prisons.

Bibliothèque publique (*rue Pavée*).

La bibliothèque fut fondée en 1714 par Mc Guillaume Prousteau, docteur-régent de l'Université d'Orléans. Confiée d'abord aux soins des Bénédictins de Bonne-Nouvelle, elle fut transportée en 1806 dans le local actuel, qui était, avant 1793, l'église de la maison du Bon-Pasteur, où l'on recevait les filles repenties.

Les deux statues qui occupent le haut du perron, depuis trois années environ, sont celles de Charlemagne et de François Ier; auparavant elles étaient placées aux deux côtés de la porte du lycée.

La Bibliothèque possède aujourd'hui cinquante mille volumes. Sa principale richesse consiste en manuscrits précieux sur vélin, admirablement enluminés, et en manuscrits des VIIe, VIIIe, X^e, XIe, XIIe, XIIIe et XVe siècles, dus en grande partie à la célèbre abbaye de Saint-Benoît-sur-Loire. On y trouve aussi un certain nombre de volumes ayant appartenu à Pothier et des lettres de Lavoisier. Elle a pour directeur un érudit, M. Loiseleur, connu par des travaux historiques intéressants.

Le public est admis à visiter la Bibliothèque tous les jours, de onze heures à quatre heures, le mercredi excepté, depuis le 15 octobre jusqu'au 15 août.

Le Lycée (*rue Jeanne-d'Arc*) présente une façade monumentale. A la place de cet édifice moderne, qui date de 1849 et 1850, il y eut autrefois une abbaye d'hommes fondée par le roi Gontran ; cette abbaye devint en 930 une collégiale.

En 1617, les Jésuites y établirent un collége qui fut bientôt très-florissant ; puis aux Jésuites succédèrent, en 1762, des prêtres séculiers, et la maison prit alors le nom de Collége royal.

Hôpitaux (*rue Porte-Madeleine*). Trois établissements sont réunis dans la même enceinte ; l'hôpital général, la maison des Aliénés et l'Hôtel-Dieu. La construction de ces vastes bâtiments a coûté plusieurs millions ; elle est considérée comme formant un des plus beaux établissements de ce genre ;

les statues de la Charité et de la Religion qui décorent le fronton de la chapelle ont été sculptées par Vital Dubray. La chapelle date de la fin du XVIIe siècle. La première pierre de l'autel fut posée le 3 septembre 1716 par Mgr Fleuriau, évêque d'Orléans.

Halle au blé. Elle fut construite sur l'emplacement du grand cimetière d'Orléans, en 1826. On a conservé une partie des galeries ogivales qui l'entouraient.

Théâtre (*place de l'Etape*). Le théâtre est ce bâtiment étroit qui se trouve en face de la Mairie. Avant la Révolution, cet édifice était une des églises de la ville. En 1792, elle fut vendue pour 32,000 livres, et appropriée tant bien que mal à sa destination actuelle par M. Lebrun, architecte de la ville, puis complétement transformée en une salle de théâtre élégante et coquette.

Statue de Pothier (*place Sainte-Croix*). Ce monument a été inauguré le 7 mai 1859.

M. Dubray, auquel a été confié l'exécution de la statue, a représenté le savant restaurateur des *Pandectes* dans une attitude méditative. Il a su donner à ses traits une expression de bonté et de sérénité qui semble refléter toutes les vertus dont il a donné l'exemple pendant sa laborieuse carrière.

Dans sa main droite, il tient une plume ; dans la gauche, le *Traité des Obligations*, qu'on regarde comme son chef-d'œuvre en droit français.

Statue équestre de Jeanne d'Arc (*place du Martroi*). Le nom de Martroi vient du mot *Martyrium*. On l'appliquait dans le principe aux chapelles où reposaient les corps des martyrs ; plus tard, on l'étendit aux places sur lesquelles avaient lieu les exécutions.

Au milieu de cette place s'élève la statue équestre de Jeanne d'Arc, par Foyatier. La hauteur est de 9 mètres (4^m. 33 c. pour la statue ; 4^m. 66 pour le piédestal). Elle fut inaugurée le 8 mai 1855. Cette statue a été l'objet de critiques passionnées. L'artiste a eu l'idée de représenter la Vierge de Domrémy dans une attitude inspirée, remerciant le Ciel qui a donné la victoire, et abaissant son épée devant Dieu, qui règle les destinées des peuples.

Le piédestal de granit et son soubassement sont ornés de dix bas-reliefs remarquables, dus à M. Dubray, qui retracent les faits principaux de la vie de l'Héroïne.

Le 1er BAS-RELIEF (*les Voix*) représente saint Michel, sainte Catherine et sainte Marguerite planant dans les cieux au-dessus de la jeune fille en extase, et venant éclairer de leurs apparitions sa mission providentielle.

Le 2e BAS-RELIEF (*départ de Vaucouleurs.*) — Jeanne est à cheval et prend congé du capitaine Baudricourt, qui vient de lui remettre son épée. Autour d'elle se pressent les habitants qui la voient s'éloigner avec douleur.

Le 3ᵉ Bas-Relief (*Chinon*) est relatif à la première entrevue de Jeanne d'Arc avec le dauphin Charles VII dans les murs de Chinon.

Le 4ᵉ Bas-Relief (*Entrée de Jeanne d'Arc à Orléans*. — A l'arrivée de la Pucelle dans notre ville, elle est reçue par une population enthousiaste qui, en la voyant, renaît à l'espérance.

Le 5ᵉ Bas-Relief (*prise des Tourelles*) a pour motif la prise du fort des Tourelles. Jeanne, à la tête des assaillants, s'élance pour attaquer la terrible forteresse. Sur le dernier plan, de l'autre côté de la Loire, on aperçoit la Ville que l'héroïne est venue secourir.

Le 6ᵉ Bas-Relief (*sacre à Reims*). — L'artiste reproduit l'imposante cérémonie où l'on voit Charles VII recevant l'onction sainte dans la Cathédrale de Reims, en présence de Jeanne d'Arc, qui lui a rendu sa couronne.

Le 7ᵉ Bas-Relief (*Jeanne d'Arc blessée devant Paris*) nous montre la libératrice d'Orléans au moment où elle tombe blessée à la jambe sous les murs de Paris.

Le 8ᵉ Bas-Relief (*Jeanne d'Arc faite prisonnière à Compiègne*) retrace le triste épisode de Compiègne, alors que la Pucelle, abandonnée des siens, tombe au pouvoir de ses ennemis.

Le 9ᵉ Bas-Relief (*Jeanne d'Arc en prison*) nous conduit dans la prison, de laquelle l'héroïne ne doit plus sortir que pour marcher au supplice.

Le 10ᵉ Bas-Relief (*le Martyre*) reproduit d'une manière saisissante le supplice de Jeanne d'Arc.

Croix de Jeanne d'Arc (*place des Tourelles*). Ce monument modeste fut érigé en l'honneur de la Pucelle, le 8 mai 1817, sur le même lieu de la prise du fort des Tourelles, qui commandait la tête du vieux pont.

Chaque année, la procession commémorative de la délivrance d'Orléans fait une station sur la place où s'élève cette croix.

Statue de Jeanne d'Arc de Gois (*place Dauphine*). Cette place doit son nom à la rue Dauphine, dont elle forme l'entrée. La statue de Jeanne d'Arc, qui s'élève au milieu, est là depuis 1855. Elle fut inaugurée sur la place du Martroi en 1804. C'est l'œuvre de Gois fils. On critique généralement la pose et le costume ; mais les connaisseurs admirent la beauté de la tête, qui est pleine d'expression. Les quatre bas-reliefs en bronze attachés au piédestal sont aussi fort estimés. Le premier représente Jeanne d'Arc recevant son épée des mains de Charles VII ; le second nous la montre à l'assaut du fort des Tourelles ; le troisième nous fait assister au sacre du roi ; le quatrième nous retrace la mort de l'héroïne sur le bûcher de Rouen.

La Tour Blanche (*rue des Africains*). Cette tour, reste de nos plus anciennes fortifications, est un monument archéologique des plus précieux.

La partie intérieure est formée de ces assises de briques et de moellons cubiques, superposées en trois couches alternatives, qui indiquent une construction romaine.

Sur cette base romaine s'élève la tour, dont la date ne peut remonter au-delà du moyen-âge. Sa forme est cylindrique et sans aucun ornement, comme il convient à un ouvrage militaire. Au sommet s'ouvrent deux grandes lucarnes à machicoulis tournées vers la campagne, et supportées chacune par trois corbeaux en pierre de taille.

(MAISONS REMARQUABLES.)

Maison de François I𝑒𝑟 (*rue Notre-Dame-de-Recouvrance*). Cette maison ne servit jamais de résidence à François I𝑒𝑟.

Le nom qu'on donne à la maison de la rue de Recouvrance, provient seulement de ce qu'elle fut bâtie par Tontain, valet de chambre du Dauphin, pour l'une des maîtresses de François 1𝑒𝑟, connue sous le nom de duchesse d'Etampes.

La partie de la maison qui donne sur la rue a été restaurée ; cependant elle ne manque pas de quelque intérêt. Mais celui qui pénètre dans la cour intérieure ne peut s'empêcher d'admirer les deux galeries superposées, dont l'une se recommande par les chapiteaux de ses colonnes, l'autre par l'ornementation de son plafond.

L'escalier en pierre, le balcon en fer artistement travaillé, la tourelle avec ses délicates sculptures et la margelle du puits sont également dignes de toute l'attention des archéologues.

Maison de Diane de Poitiers. — Musée historique (*Rue Neuve*).

Cette maison est une des plus gracieuses que la Renaissance nous ait laissées. Mais pour en connaitre toute la richesse, on ne doit pas se contenter d'examiner sa façade il faut prendre la petite ruelle des Albanais et s'arrêter devant sa grande porte. C'est là qu'on aperçoit toutes les sculptures élégantes, toutes les colonnes ornées, tous les encadrements de fenêtres qui font du bâtiment principal et de ses deux ailes en retour un petit chef-d'œuvre.

Il y a désaccord sur la question de savoir si ce fut réellement la demeure de Diane de Poitiers. Les chroniqueurs orléanais se prononcent dans ce sens, d'autres assurent que cette élégante maison fut bâtie par Pierre Cabu, bourgeois d'Orléans, de même qu'ils lui attribuent les armes et les initiales sculptées aux plafonds et sur les boiseries.

C'est une construction du XVIe siècle. Après sa restauration elle fut disposée pour recevoir le musée historique, un des plus intéressants qu'on rencontre dans les départements. Il se compose de collections appartenant au département du Loiret, à la ville d'Orléans, et à la Société Archéologique de l'Orléanais.

Maison des Oves (*rue Sainte-Anne, n° 11*). Cette maison doit le nom sous lequel elle est désignée à la répétition constante d'un ornement d'architecture qui a la forme d'un œuf. On attribue sa construction à Ducerceau.

Maison de Ducerceau (*rue des Hôtelleries, n° 60*). On suppose que cette maison fut celle du célèbre architecte. Les pilastres et les chapiteaux de la façade sont d'une pureté de style qu'on rencontre rarement.

Maison dite des Chanoines (*rue Bourgogne, 218*). Les fenêtres du bâtiment principal sont d'un style sévère et veuves d'ornements ; mais en revanche, sur la rue de la Poterne, on admire un cabinet d'étude, formant avancement sur la voie publique, dont les encorbellements sont soutenus par des consoles d'un fini remarquable.

Cette maison possède en outre une tourelle octogone et une galerie supportée par des colonnes qui ne sont point sans intérêt pour les amateurs.

La salle des Thèses (*rue Pothier*), siège de l'ancienne Université d'Orléans, est un assez curieux monument du XVe siècle ; elle a longtemps renfermé la première bibliothèque publique d'Orléans qui avait été fondée en 1565 pour l'usage des étudiants. Nouvellement restaurée.

Cabinet de Jeanne d'Arc et maison de l'Annonciade (*rue du Tabour, 33, 35, 37 et 39*). La maison de l'Annonciade qui doit son nom à une communauté de cet ordre, remonte à une haute antiquité, comme le prouvent les souterrains sur lesquels elle repose. Elle occupait l'emplacement des maisons qui portent les numéros 33, 35, 39, 41.

Cette habitation était au XVe siècle la propriété de Jacques Boucher, trésorier du duc d'Orléans. Pendant le siège de 1429, elle servit de demeure à Jeanne d'Arc, qui y partagea la chambre de la femme et de la fille du trésorier, tout son entourage fut logé. Les appartements n'y sont malheureusement plus ce qu'ils étaient à cette époque ; des constructions moins anciennes les ont remplacés, mais ces constructions, du plus pur style de la Renaissance (numéros 39 et 41 de la rue) sont très-remarquables. Dans la cour on vous montrera un joli pavillon en pierre, connu sous le nom de cabinet de Jeanne d'Arc, mais qui est postérieur à l'ancienne habitation.

Ce pavillon possède un rez-de-chaussée et un premier étage, dont les voûtes sont ornées de sirènes, de chimères bizarres, de cygnes éployés, entourés des arabesques les plus fantastiques. Au centre de la voûte du rez-de-chaussée se trouve un pélican qui nourrit ses petits de son sang ; au centre de celle du premier étage, les armes de la famille Colas Desfrancs.

Maison d'Agnès Sorel (*rue du Tabour*, 13 *et* 15). Cet édifice semble appartenir à la fin du XVe siècle.

La façade qui donne sur la rue est d'une régularité parfaite. Les corniches à feuillage artistement fouillé qui courent dans toute son étendue, les couronnements de ses fenêtres à meneaux retombant sur des culs-de-lampe à figures bizarres, les jolies arabesques de la porte du milieu, la pureté des lignes, tout concourt pour en former un ensemble à la fois simple et plein de grâce.

Du côté de la cour, cette maison n'est pas moins remarquable, l'attention est appelée sur une galerie à trois arcades, dont le plafond est orné de caissons variés d'un travail admirable. Les chapiteaux des colonnes sur lesquels s'appuient les cintres ne manquent pas non plus d'intérêt. Nous mentionnerons encore l'escalier en spirale qui conduit aux étages supérieurs, les sculptures des deux portes restées intactes et une cheminée.

Maisons remarquables. (*Rue Pierre-Percée.*) Cette rue, qui était autrefois l'une des plus belles de notre cité, est restée remplie d'intérêt.

Parmi les maisons antiques qui en font partie, il en est deux, celle du n° 4 et celle d'en face, qui méritent particulièrement d'être mentionnées.

La seconde, qu'on appelle maison de la Commanderie ou de la Coquille, à cause de cet ornement qu'on rencontre au-dessus de l'une de ses portes, est parfaite de sculpture. Sa façade est des plus pures. Le plein-cintre ne règne que dans les portes du rez-de-chaussée ; et la ligne droite ne se rencontre plus que dans ses deux étages. Nous signalerons spécialement à l'attention du touriste : les cariatides à gaines effilées qui soutiennent les cintres des deux ouvertures placées au-dessus de la petite porte ; les têtes de vieillards barbus qui supportent leur appui ; les feuillages ouvragés des consoles et le feston qui règne entre les chapiteaux.

La maison du n° 4 appartient à la même époque que celle de la Coquille.

Maison de Jean d'Alibert. (*Marché à la Volaille, n° 6*).

C'est une belle maison Renaissance ; au-dessus de la porte s'ouvrent deux petits jours cintrés à cariatides élégantes ; le bon goût de ses colonnes corinthiennes légèrement saillantes, les charmants détails de son ornementation, tout en fait un des plus jolis monuments que nous ait légués le XVIe siècle, Jean d'Alibert en fut le propriétaire, c'est là que se tint le 15 novembre 1561, la première assemblée du culte réformé.

Pavillon Renaissance. (*Rue du Poirier, 41.*) La rue du Poirier possède au fond d'une cour un délicieux petit pavillon dans le style de la Renaissance.

La façade, soutenue par une large arcade, se compose de quatre colonnes rondes cannelées, supportées par des consoles à figures grimaçantes, et terminées par des chapiteaux admirablement fouillés au-dessus desquels se dresse un fronton d'une rare élégance.

Entre les colonnes du milieu existe une ouverture unique ; de chaque côté, deux petites fenêtres superposées. Au-dessous de l'ouverture la plus importante et dans l'espace resté libre entre les deux consoles, existe un médaillon contenant un H, que soutiennent deux amours d'un modelé fort délicat. Au-dessus du fronton, on lit gravés en creux les mots : *Pax huic domui*.

Maison de l'ancienne Intendance. (*Rue Bretonnerie 26 et 30.*) Cet hôtel, aujourd'hui restauré, est divisé en deux habitations distinctes. Il fut élevé en 1430 par François Brachet, seigneur de Marigny et de Tellai le Gaudin, Intendant de la Reine Isabelle d'Aragon. Henri III l'habita lorsqu'il vint à Orléans en 1576. Henri IV et Jacques II y séjournèrent aussi.

LE LOIRET ET SON PARCOURS.

A cinq kilomètres d'Orléans on rencontre le *Loiret*, charmante rivière dont le cours est de 12 kil. Il sort de terre près du château de la Source, qui lui doit son nom.

On suppose que le Loiret correspond par des canaux souterrains avec la Loire. La température de ses eaux fait qu'elles ne gèlent jamais ; aussi de nombreux moulins se sont-ils établis sur le cours de cette rivière ; de plus, elles ont été amenées à Orléans pour l'alimentation et l'arrosement de la Ville.

Les plus belles propriétés qui embellissent le parcours du Loiret sont : la propriété de la Source, dont le château n'a rien d'architectural ; le château de la Fontaine, magnifique résidence dont le parc est remarquable par ses plantations ; et le Rondon. Un très-beau pont relie la route d'Orléans au bourg d'Olivet.

RENSEIGNEMENTS.

Omnibus et Voitures, voitures de remise, de place et voitures publiques. *Omnibus* pour Orléans et les environs. — *Tramways* des Aydes à Olivet.

Hôtels *d'Orléans*, rue Bannier, 118 ; — *du Loiret* et *de Genève*, rue Bannier, 18 ; — *de la Boule-d'Or*, rue d'Illiers ; — *Saint-Aignan*, place Bannier.

FIN.

www.ingramcontent.com/pod-product-compliance
Lightning Source LLC
LaVergne TN
LVHW051512090426
835512LV00010B/2484